The Great Plan B

The Great Plan B

selected poems of
Justyna Bargielska

translated by
Maria Jastrzębska

Smokestack Books
1 Lake Terrace, Grewelthorpe, Ripon HG4 3BU
e-mail: info@smokestack-books.co.uk
www.smokestack-books.co.uk

Polish text copyright
Justyna Bargielska.

English translations copyright
Maria Jastrzębska.

ISBN 978-0-9957675-4-6
Smokestack Books is represented
by Inpress Ltd

This publication has been supported by the
©POLAND Translation Programme.

BOOK INSTITUTE

©POLAND

Smokestack Books also gratefully
acknowledges the support of the
Polish Cultural Institute in London.

Spis Treści

Dwa lusterka, w tym jedno powiększające	10
Do Chloris	12
Selfie ze złotym siurkiem	14
Na czyjś tam odjazd do Czernowiec pociągiem 382, wagonem sypialnym nr 13, na miejscu 52	16
Selfie na tle rzepaka	18
Trauma o piesku	20
Egipska bawełna	22
Kobieta obwieszcza pszczołom śmierć pana domu i zakłada czarną wstążkę na ulu	24
Kamienica	26
Nudelman	28
Próba doszorowania	30
Pole bawełny	32
Pies ci je kapelusz	34
Czy powinnam być niemieckim chłopcem?	36
Rio Negro	38
Awanturystyka	40
Let's kohelet	42
Chrabąszcz	44
O znaczeniu starych, białych, męskich ciał dla cywilizicji wschodu, zachodu, pólnocy i południe	46
Wielki Plan B	48
Hale Faelbetu	50
Spóźniona nowenna do świętej Rity	52
Ultrasonograf pasażerski	54
Jak to widzi sowa	56
E. & E.	58
Ja i gen koloru	60
Zoo w Oo	62
Inna róża	64
Projekt wymiany ramek we wszystkich obrazkach	66
Zebra	68

Contents

Two mirrors, one of which magnifies	11
To Chloris	13
Selfie with a golden willy	15
On somebody or other's departure to Czernowice on train 382, coach 13, couchette 52	17
Selfie against a field of rape	19
Trauma about a little dog	21
Egyptian cotton	23
A woman announces their master's death to the bees and ties a black ribbon round the hive	25
Tenement	27
Nudelman	29
Attempted scouring	31
Cottonfield	33
The dog's eating your hat	35
Should I have been a German boy?	37
Rio Negro	39
Tantrum tours	41
Let's kohelet	43
Bug	45
On the significance of old, white, male bodies for the civilisations of the east, west, north and south	47
The Great Plan B	49
Faelbet Mall	51
Belated novena to Saint Rita	53
Passenger body scan	55
How the owl sees it	57
E. & E.	59
Me and the colour gene	61
The zoo in Oo	63
Different rose	65
Project to replace the frames in all pictures	67
Zebra	69

Katullka	70
Sól i ogień	72
Przekład	74
Dwa fiaty	76
Na czas zamknięcia kładki	78
Wszystko dla	80
Patrz, Tatuś	82
Jednym słowem	84
Kapitanie, tu Sally	86

The young Catulla	71
Salt with fire	73
Translation	75
Two fiats	77
In time for the gangway to close	79
All for	81
Look, Daddy	83
In a word	85
Captain, it's Sally	87

Dwa lusterka, w tym jedno powiększające

Królowa-ogień pisze list, uciekajcie, ludzie i samochody.
Chyba sama wiem najlepiej, co jest dla mnie degradujące.

Gdybym zabiła nasze dzieci i jeździła z nimi po mieście,
to byłoby dla mnie degradujące. Gdybym to, co robię,
by przeżyć, robiła dla urody, to byłoby dla mnie
degradujące. Prawidłowe równanie nie zagraża miłości.
Prawidłowe równanie, w którym wiarę
da się bezstratnie zastąpić tęsknotą, język,
w którym mogłabym zostać tak bezboleśnie zbawiona,
który miałeś mi wymyślić, a nie wymyśliłeś,
to by było dla mnie degradujące.

Nie załączam buziaków, nie daję całusów, toczę wojnę
na wszystkich frontach. Odpisz mi jak najszybciej.

Two mirrors, one of which magnifies

Fire-queen writes a letter: run, people, cars.
I think I know best what I find degrading.

If I killed our children and drove with them round town
I'd find that degrading. If I did what I do
to get by as a fashion statement I'd find that
degrading. The correct equation never threatens love.
The correct equation in which faith
can be substituted without any loss for longing – a language
in which I could so painlessly have been saved
which you were supposed to invent for me, but didn't –
I'd find that degrading.

I'm not enclosing hugs, I don't send kisses, I wage
war on all fronts. Write back to me asap.

Do Chloris

Jeśli to prawda, Chloris, że mnie kochasz,
to wybacz, ale kompletnie nie wiem, co mam zrobić
z takimi zagadnieniami jak głód na świecie,
że papież nie pozwala Murzynom używać
prezerwatyw, że ekran w końcu gaśnie,
a gasnąc ujawnia, że nie jest drzwiami. Że fotografowie
zabijają się z powodu zdjęć, które zrobili.
Choć światło było niesamowite, zabijają się.

Jeśli to prawda, Chloris, że mnie kochasz,
to nie wiem nawet, co mam zrobić z tym morzem,
które rozstępując się, połyka niesforne psy,
przypadkowe dzieci, statki z ich kapitanami,
miasta, kraje, światy. Pływam w tym morzu,
póki płynę do ciebie, Chloris. Jeśli mnie kochasz,
powiedz mi, co mam zrobić,
gdy zrozumiem, że w nim pływam, a już cię nie kocham.

To Chloris

If it's true, Chloris, that you love me
then forgive me but I have no idea what to do
about issues like world hunger
or the Pope not allowing Blacks to use
condoms, the screen shutting down
and by shutting down revealing it's no door. About photographers
who kill themselves over photographs they've taken.
Though the light was amazing, they kill themselves.

If it's true, Chloris, that you love me
then I don't even know what to do with this sea
which by parting swallows unruly dogs,
unplanned children, ships and their captains,
cities, countries, worlds. I swim in this sea
as long as I swim towards you, Chloris. If
you love me tell me what to do
once I realise I'm swimming but I no longer love you.

Selfie ze złotym siurkiem

Jake, jestem w ciąży, powiedziała panna
i skończyła się seria. Poza kadrem Jake spytał
jak, skoro wszystko się odbyło w języku.
Gdyby to wszystko się odbyło w języku,
nie mielibyśmy teraz zagadnienia.
Ale to wszystko odbyło się w dupie.
Otchłani, poprawił Jake pannę, przepaści.
A potem ją odesłał aż do rozwiązania.

Nie, żeby mnie jakoś ruszała ta historia,
ale jest raczej późno, słońce nie zachodzi,
bardzo długo już jadę, a jedyne, co widzę,
to siewcy z klocków lego czasem w polu po prawej.

Selfie with a golden willy

Jake, I'm pregnant, said the girlie
and the series ended. Off camera Jake asked
how, since it all happened in tongues.
If it had all happened in tongues
we wouldn't have this issue now.
But it all happened up the fanny.
Chasm, Jake corrected the girlie, abyss.
And then sent her away till the denouement.

Not that this storyline moved me in any way
but it's rather late, the sun won't set,
I've been driving forever and all I occasionally see
are lego minifigures of sowers in the field on my right.

Na czyjśtam odjazd do Czerniowiec pociągiem 382, wagonem sypialnym nr 13, na miejscu 52

Kiedy ci kłamię, nie dzieje się nic
i to jest ta figa sucha od korzeni,
obok której przechodziliśmy i powiedziałeś spróbuj,
więc powiedziałam idź, figo, ale ona nie poszła,
więc powiedziałam figo, tańcz, ale ona nie zatańczyła,
więc powiedziałam figo, stój spokojnie, gdy będę cię ścinać
i zgadnij, co się stało i jakie to było dobre.

On somebody or other's departure to Czerniowce on the 382, coach no. 13, couchette 52

When I lie to you, nothing happens
and it's that fig withered from the roots up.
We walked past and you said try it
so I said go, fig, but it didn't leave
so I said fig, dance, but it wouldn't dance
so I said, fig, stand still while I cut you down
and guess what happened and how good it was.

Selfie na tle rzepaku

Człowiek-kluska wchodzi do hotelowego kibla
i klęka obok mnie leżącej na podłodze.
Załamanie na giełdzie czy boisz się burzy?
Tak, nie, nie wiem, przepraszam. A mogłabyś mi? Zawsze.

Bóg wdrożył procedurę mojego ratunku.
Muszę zdjąć okulary i buty na obcasie,
głowę dać na kolana. Własne kolana, siostro!
I kołysząc się, opadać lub, przeciwnie, nurkować.
Ginąć szybko lub wolno, lecz zawsze ku górze.

Selfie against a field of rape

Mr Noodle walks into the hotel toilet
and kneels beside me on the floor.
Stock market's crashed, or are you scared of the storm?
Yes, no, I don't know, sorry. But could you – for me? Always.

God has implemented a plan for my rescue.
I have to remove my glasses and high heeled shoes,
place head on knees. My own knees, sister!
Then rocking, flop or alternatively dive.
Dying quick or slow, but ever upwards.

Trauma o piesku

Myliśmy zęby i powiedziałam do męża:
boję się, czy poznam, że umarłam. Bo
czy umrzeć to jest śnić sny jakby nie swoje,
czy może bardziej jak dwieście tysięcy
czarnych perełek, które toczą się za nami
do zsypu. Keep dying, powiedział mąż,
przekonasz się. Żegluj, jasny spłachetku,
dopowiedziałam sobie, nie myśl teraz
o dziurawym oku, przez które cię obserwują
pod kątem abordażu. Ale bardzo mnie wystraszył
ten pojedynek pieska z tramwajem,
gdy mąż powiedział: nie patrz, a za kartką dłoni
piesek podniósł się, był taki wielki
i zapraszał nas wszystkich do swojego
rozprutego brzucha, w którym już czekał ksiądz,
nagie drzewa i z piasku usypane miasto.

Trauma about a small dog

We were brushing our teeth and I said to my husband
I'm scared I won't know if I've died. Because
is dying to dream dreams which seem sort of not your own,
or is it more like two thousand
minute black pearls rolling behind us
into the chute? Keep dying, said my husband,
you'll find out. Sail on, bright lump of earth,
I added to myself, don't think just now
about the leaky eye through which they're spying on you
as they prepare to swarm aboard. But it frightened me
that small dog's duel with a tram
as my husband said: don't look. Behind the screen
of my hand the dog rose. He was so great,
inviting us all into his
split open belly, where already waited
a priest, bare trees and a city buried in sand.

Egipska bawełna

Dwa dni później spałam słodka w stakankach
i ktoś mnie komuś odbił. Mandżurski tankowiec,
drżące niebo, wibrujące ku północy struny,
wzięłam za inny rodzaj znaku i nie byłam gotowa.
A rano ta mała przewoźniczka kłamie: to ja cię odbiłam
biednej Justine. Ale czy Justine żyje, bo pamiętam,
że policjanci wezwali fotografa lodu, jak robią,
kiedy nie mają ciała, tylko pewność. Ciemnoskrzydły,
cudny, chadza po paskach egipskiej bawełny
i nie daje się nabrać na równe stosy czasopism,
zatrzaśnięte drzwiczki, wsunięte szuflady.
Obchodzi z aparatem wszystkie schludne kąty,
a śmierć mu naświetla zdarzenia na klatki:
to, co się wydawało węzłem na kotarze,
okazuje się dłonią, poduszką na dywanie
pulsującą plamą. I bingo, case closed: jak, gdzie i czyja
pięknie widać na takim zdjęciu. Spałam wieloręka
i wielooka, gdy dwa dni później ktoś mnie komuś odbił.
Pamiętam, że policjanci wezwali tego fotografa,
a on przyklęknął nade mną i prawie bez uśmiechu
mówi mi, że mnie teraz prześwietli i pokazuje,
gdzie i ile razy (tu i tu, i tu). Przy tych policjantach.

Egyptian cotton

Two days later I slept sweet between vodka slammers
and somebody won me off someone else. A Manchurian tanker,
sky trembling, strings vibrating north
I took to be signs of something different and I wasn't ready.
In the morning that little trafficker girl lies: it was me who won you
off poor Justine. If Justine's still alive, because I remember
the police brought in an ice photographer which they do
when there's no body, only certainty. Dark-winged,
gorgeous, he strolls across the Egyptian cotton stripes
and isn't fooled by neat stacks of magazines,
little doors banged shut, drawers slid tight.
Camera in hand he checks round all the apartment's tidy corners.
Death exposes the events onto frames for him:
what appeared to be a knot in the curtain cord
turns out to be a hand, a cushion on the rug,
a throbbing stain. So bingo, case closed: how, where and whose
comes out beautifully in a picture like that. I slept many-handed
and many-eyed, when two days later somebody won me off someone else.
I remember the police called in that photographer
and he knelt in front of me, almost without smiling,
saying he'd overexpose me now, and pointed to where
and how many times (here, here, and here). In front of those policemen.

Kobieta obwieszcza pszczołom śmierć pana domu i zakłada czarną wstążkę na ulu

To niesamowite, co mogła zrobić jedna pęknięta rura.
To niesamowite, co mogli zrobić jeden mężczyzna i jedna kobieta.
Drzwi zamykają się za kelnerem, ale zamykają się za tobą
tak, jak każde drzwi, które się zamykają.

Opłakałam już przed pszczołami nasze rozstanie,
teraz spróbuję się cieszyć tym, co nastąpi przed nim,
aż do tego momentu, w którym przestaję wiedzieć,
co mam robić z czasem, który mi pozostał,

więc kładę się spać, a ktoś stoi nade mną i mówi:
węże tak śpią, zwinięte w kłębek jak kotki albo jak małe dzieci,
i patrzcie, bo to jest pozycja, w której biorą do nieba.

A woman announces their master's death to the bees and ties a black ribbon round the hive

It's incredible what one burst pipe could do.
It's incredible what one man and one woman could do.
The doors close behind the waiter, but they close behind you
just like all doors closing.

I've grieved with the bees over our parting
now I will try to enjoy what occurs before it
right up to the moment when I no longer know
what to do with the time I have left

and so I go to sleep and someone stands over me saying:
snakes sleep like this, curled in a ball like kittens or small children,
see, for this is the position in which you're taken to heaven.

Kamienica

Złoszczą mnie okna w domu na drugim brzegu
ulicy, która pieniąc się płynie dołem. Godzinami
zaglądam sąsiadom w garnki, w których wrą serduszka
wróbelków – tak tata nazywał cynaderki w dzieciństwie,
czyli wtedy, gdy koty znikały i wracały
po zmianie kwadry, z oberwanym uchem. Teraz
już nie do mnie – okna na parterze to lupanar, w skrzynce
są ulotki z kobietami tak dorosłymi jak ja
nigdy nie będę, choćbym przeszła na kolanach
z kuchni do pokoju po potłuczonym szkle.
Na piętrze człowiek z psią mordą, czy może
pies z ludzką twarzą, nigdy nie wiem, na wędce
spuszcza szklane oko i podgląda te z dołu.
Złoszczą mnie ich okna. Przesadzają z tym życiem,
tak jak by nie wiedzieli, że wcale nie trzeba.

Tenement

I'm annoyed by the windows in the house on the opposite shore
of the foaming street below. For hours on end I peek
into what's cooking at my neighbours', as they boil the tiny hearts
of sparrows – that's what dad called chitterlings when we were kids,
in other words when cats vanished and returned
with the next phase of the moon, ears torn. Not to me
anymore nowadays – the windows on the ground floor
what a bordello, fliers of women in the letterbox, as grown up as I
could never be, even if I went on my knees
over broken glass from kitchen to bedroom.
Upstairs a man with a dog's muzzle, or maybe
a dog with a human face, I never know, lowers down
a glass eye on his fishing rod and peeps at the women below.
I'm annoyed by their windows. They've gone over the top
with this life, as though they didn't know you don't need to at all.

Nudelman

Przełożyłby pogrzeb, żeby mnie zerżnąć,
ale najchętniej własny, bo gdy pod jego nieobecność
pokojówka wymieni ręczniki w hotelu,
on czuje, że coś w nim umarło na zawsze.

Gdzieś ktoś mu powiedział, że to nie jego dzieciństwo
było nieszczęśliwe, tylko on sam był nieszczęśliwy.
To mu się spodobało! Ale już nie dużo
ma takich zdań w książce jesieni, nie ma książki zimy
i zaczyna się obawiać, że zima nie jest książką.

Gdy przekładamy jego pogrzeb, wyobraża sobie,
że jest robakiem, który dostał się do zamkniętego samochodu
podczas wojny atomowej i który po wybuchu
zmutuje genetycznie i przejmie ten samochód,
pokojówkę, ręczniki i własne dzieciństwo.

Nudleman

He'd have postponed a funeral to shag me,
his own preferably, because when in his absence
the chambermaid changes the towels
he feels something in him has died forever.

Once someone told him it wasn't that he'd had
an unhappy childhood, it was him who was unhappy.
He liked that! But there aren't many
sentences like this in his autumn book, there's no winter book
and he's beginning to fear winter isn't a book at all.

When we postpone his funeral he imagines
he's a maggot trapped inside a locked car
during a nuclear war. After the explosion
he will mutate taking over the car, chambermaid,
towels and his own childhood.

Próba doszorowania

Będzie kapać cola na masło, czy nie będzie,
niedokręcona w lodówce? Podczas trzęsienia ziemi
trzeba stać pod futryną, mówi mi poznany w pociągu
włoski ksiądz. Włoski czyli z Włoch.
Całe życie stoję pod futryną, a dwa razy nawet sama nią byłam.
Maria idzie do Elżbiety i kładzie jej rękę na brzuchu,
i tak stoją, dwie futryny obok siebie,
na obrazie, czyli też poniekąd we Włoszech.
Zróbmy, dziewczyny, piramidę futryn.
Czy wydaję się wam bardziej zrozumiała, teraz,
gdy wybaczyłam mu i sobie też wybaczyłam?

Attempted scouring

Will coke drip into the butter, or won't it
if the top hasn't been screwed on inside the fridge. During an earthquake
you are supposed to stand in a door frame, an Italian priest
I've met on the train tells me. Italian that is from Italy.
I've stood in a door frame all my life, twice I was even one myself.
Mary goes to Elizabeth and puts a hand on her belly
and that's how they stand, two door frames side by side
in the painting, so up to a point also in Italy.
Girls, let's build a pyramid of door frames.
Do I make more sense now
I've forgiven him and also forgiven myself?

Pole bawełny

To musiał być dzień Bożego Ciała. Starsza kobieta
wiodła za sobą okazałą downicę: córciu, córciu,
gdy umrę, co się z tobą stanie. A ja nie mogłam ci
starsza obiecać kobieto, że jej nie zjemy, niedokładnie znam zwyczaje
mojego gatunku, nie na tyle dokładnie.
Widuję nas, jak przystajemy na rogach ulic,
wyjmujemy z portfeli zdjęcia budynków krytych złotymi kopułami
i pokazujemy je sobie nawzajem, mężczyźni i kobiety,
starzy i młodzi, ale czy tęskniąc, czy grożąc, nie wiem.
To musiał być ten dzień, wzdłuż torów
albo skrajem parku szedł mężczyzna w brązowej marynarce,
niósł piłkarzyki główkami do dołu
i nic na to nie poradzę, ale słońce, ono chyliło się ku zachodowi.

Cotton field

It must have been the day of Corpus Christi. An older woman
dragged a shapely girl with Down's behind her: little girl, my little girl
when I die, what will become of you? But I couldn't,
older woman, promise you that we won't eat her, I don't exactly know
the habits of my kind, not exactly enough.
I often see us stopping on street corners,
we take out pictures from our wallets of buildings covered with golden
  domes
to show each other, men and women,
young and old, but whether from longing or as threats, I don't know.
It must have been that day, along the tracks
or at the edge of the park that a man in a brown jacket was walking,
he carried a football table, tiny heads pointing down
and there's nothing I can do about it, but the sun was tilting to the west.

Pies ci je kapelusz

Tak szczerze, to myślę, że nie wiesz, czym jest tęsknota.
Czy twoja córka powiedziała ci kiedyś
pięćdziesiąt trzy razy pod rząd, że pies ci je kapelusz?
Niech je, powiedziałam. Nie wiem, czy choć raz. Twoje maile
to nie maile, to pieszczoty, dzisiaj pójdę spać z tobą,
mówi mi mail. Nie, mailu, dzisiaj pójdziesz spać z żoną,
a ja pójdę spać z mężem. Niemniej nie dalej niż jutro
planuję pozbyć się ze świata wszystkich naczyń,
do picia, do sikania, przechowywania prochów bliskich,
zbierania krwi naszego Zbawiciela, i będę ostatnim
naczyniem na świecie. I, umówmy się,
ja i krew Zbawiciela, tylko my dwie wiemy,
czym jest tęsknota.

The dog's eating your hat

Honestly? I don't think you know what yearning is.
Has your daughter ever told you
fifty three times in a row that the dog's eating your hat?
Let it, I said. I don't know if it was even once. Your emails
aren't emails, they're caresses. Tonight I'll go to sleep with you,
the email says to me. No, email, tonight you'll go to sleep with your wife,
and I'll go to sleep with my husband. Nevertheless no later than tomorrow
I plan to rid the world of all vessels,
those for drinking, peeing in, storing loved ones' ashes,
for collecting our Saviour's blood, and I will be the last
vessel in the world. And, let's be clear,
our Saviour's blood and I, only we two know
what yearning is.

Czy powinnam być niemieckim chłopcem?

Moja babcia ma sto lat
i nigdy nie widziała morza.
Wychowała moją matkę
na klacz wyścigową pierwszej klasy.
W górach też nie była,
nawet tych stołowych.
Co wieczór mówi różaniec
za moje nawrócenie.

Bo ja jestem pociągową szkapą,
mam dużo przepastnych snów,
a Pan Bóg mnie nie lubi,
opowiada mi sprośne żarty
i straszy mnie filozofią.

Babcia go przekonuje,
że powinnam być niemieckim chłopcem,
albo niech przynajmniej nie piszę.
Wtedy on wkłada mi rękę w majtki
albo dźga starym parasolem.

Dobrze że Ten Drugi dzwoni czasem
i mówi aksamitnym głosem:
śpij dobrze,
pisz wiersze,
śpij dobrze.

Should I have been be a German boy?

My grandmother is a hundred years old
and has never seen the sea.
She raised my mother to be a top class racing filly.
She hasn't been to the mountains either,
not even those Table ones.
Every night she says the rosary
for my conversion.

For I'm a cart-pulling nag,
I have lots of unfathomable dreams
and God doesn't like me.
He tells me lewd jokes
and frightens me with philosophy.

Gran is persuading him
I should have been be a German boy,
or at least let her not be a writer.
At which point he puts his hand in my pants
or stabs me with an old umbrella.

It's a good job The Other One rings occasionally.
In a velvety voice he says
sleep well,
write poems,
sleep well.

Rio Negra

Może mi pan zobaczyć, czy nie mam ziemi na włosach,
pytam, a on mówi bez patrzenia, że gdyby mógł się znów urodzić,
znalazłby mnie, zanim by zaczął odróżniać kolory,
dopadłby mnie, zanim by zaczął chodzić na dwóch nogach,
rozszarpałby mnie, zanim wyrosłyby mu zęby
i tak dalej. Może powinnam mu powiedzieć,
że z tego, co wiem, następnym razem urodzi się
jako grudka gipsowej szpachli,
ale *pas* mówi się krócej.

Jedne piszą wiersze typu *jaram się, że jestem taka chuda*,
drugie typu *jestem wprawdzie gruba, ale innych jaram*.
A ja piszę wiersze typu *jaram się, że mnie wcale nie ma*.

Rio Negro

Sir, could you see if I have any earth in my hair,
I ask and he replies, without looking, that if he could be born again
he'd find me before he started to differentiate colours,
he'd get to me before he started to walk on two legs,
tear me apart before his teeth grew
and so on. Maybe I ought to tell him
that from what I know next time he'll be born
as a lump of plaster on a trowel
but *pass* is quicker to say.

Some women write poems saying *I'm hot being this thin,*
some say *I may be fat yet I get others hot.*
But I write poems saying *I'm hot because I'm not even there.*

Awanturystyka

Dla Mueller

Powiedz mi, jak się czuję w tym porno pop-upie,
gdy w okolicy Skierniewic zaczynam się rozglądać
za jakimś okrąglejszym ruchem
zamiast ciągłego tam i z powrotem. I wyobrażam sobie,
że niebo będzie się składać właśnie z okrągłych ruchów,
coś jak ruchy koparki albo obieranie jabłka,
albo myśl, która przynosi deszcz jaskółek,
a wszystko odwrotnie do ruchu wskazówek zegara.
Tam i z powrotem oznacza, że ten sam gość, co zawsze
je tę samą bułkę i czyta tego samego Miłosza.
Boję się tej bułki, bo nie umiem być ta sama
choćby przez dwa kolejne mgnienie oka. W drugim mgnieniu
niebo odkopuje mnie spod deszczu jaskółek,
którym przykryło mnie w pierwszym. Może stań za mną
ze swoimi hufcami. I jeśli cokolwiek czuję,
weź mi to opowiedz.

Tantrum tours

for Mueller

Tell me how I feel in this porn pop-up
when, approaching Skierniewice, I look round
for a more circular movement
instead of this constant back and forth. I imagine
heaven will be made up of just such circular movements
something like a digger's movements or peeling an apple
or the thought which brings down a rain of swallows,
all of it moving anti-clockwise.
Back and forth means the same guy who always
eats the same bread-roll and reads the same Miłosz.
I'm scared of this roll, since I don't know how to be
the same even for two blinks of an eye. At the second blink
the heavens dig me out from under the rain of swallows
which covered me in that first blink. Maybe you could stand at my back
with your hosts. And if I feel anything
go on, tell me.

Let's kohelet

Dwa dezodoranty, właściwie trzy, w siatce miał
i że go stać na myślenie o śmierci wreszcie czuł.

Szukającemu więc śmierci pośród urządzeń miasta
wszyscy ustępowali, uchodząc przed nim jak łąka
uchodziłaby przed napalmem, gdyby Bóg powołał ją
do chwały uchodzenia zamiast do chwały
bycia znapalmioną, aż przyszło na panią
Violettę, której to uda i brzuch.

Hej, we mnie są twoje groby i zmarli twoi są tu.

Let's kohelet

With two deodorants in his string bag, actually three,
he felt he could think about death finally.

And when you search for death in the workings of the city
everyone steps aside as a meadow might flee
from napalm, if God had called it
to the glory of flight instead of the glory
of being napalmed, till it came to Madame
Violetta, her of the thighs and belly.

Hey, your graves are in me, your dead here.

Chrabąszcz

Był tylko jeden i od razu martwy,
ktoś na niego nadepnął na pierwszym schodzie,
jeśli liczyć od dołu, lub na ostatnim, jeśli z góry liczyć.
Coś z niego wypływało, gdy tam leżał. Córka
spytała, czy to jego miałam na myśli,
gdy mówiłam o wiosennych cudach i o nowym życiu.
Akurat dokądś szłyśmy, a dookoła było
jak po wielkiej wojnie grzybów: nie zmieniło się nic,
ale i nic nie było tak samo. Tak, to jego
miałam na myśli, w mowie i w sercu. I patrz,
co się stało.

Wieczorem ktoś go sprzątnął. Nieliczni go widzieli,
ja, córka i sprzątacz. Większość z nas żyje dotąd,
niektórzy zaś pomarli.

Bug

There was only one and he died instantly.
Someone had trodden on him on the first step,
if you count from the bottom, or on the last if you count from the top.
Something poured out of him as he lay there. My daughter
asked if it was him I had in mind
when I talked about Spring miracles and new life.
We were just on our way somewhere and all around us
it was like the Great Mushroom War: nothing had changed
but nothing was the same either. Yes, it's him
I had in mind, in my speech and in my heart. And look
what happened.

That night someone cleared him away. Few saw him,
me, my daughter and the cleaner. Most of us are still alive
though some have fallen asleep.

O znaczeniu starych, białych, męskich ciał dla cywilizacji wschodu, zachodu, północy i południa

Mógłbyś mi to zrobić do telefonu, tato,
trucizny trują lepiej, kiedy ich nie widać.
Piszę wszystko naraz, bo mam mało czasu,
zaraz będą klaskać twoim prochom.
Co ma ułatwić życie, zaledwie je skraca.
Postawiłeś dla mnie całe miasto puste w środku
i puste w środku miasto mi zostawiłeś,
więc rozpłakałam się jak dziecko,
a potem się rozpadało. Całe cywilizacje
utrzymują się obecnie z tantiem
z mojego patentu na deszcz, ale nadal nie wiem,
co sobie myślałeś, kim dla ciebie byłam,
dokąd teraz idziesz, gdzie jest miejsce przeszłości
i czy naprawdę należę do gatunku,
który powinien choć próbować czerpać tlen z powietrza.

On the significance of old, white male bodies for the civilisations of the east, west, north and south

You could do it to me down the phone, daddy,
poisons poison better when you can't see them.
I'm writing everything at once, as I've little time,
in a moment they'll be applauding your ashes.
What's supposed to make life easier, merely shortens it.
You left me a whole city empty inside
and an empty inside city is what you left me
so I burst into tears like a child
and then it fell apart. Entire civilisations
support themselves on the royalties
from my patent for rain, but I still don't know
what you were thinking, who I was for you,
where you're going now, where the past fits in
or if I really belong to a species
which ought at least to try and draw oxygen from the air.

Wielki Plan B

Na dziewiąte urodziny drużynowy
dał mi kartkę z liczbą dni,
które do tej pory przeżyłam. To była niezwykła liczba,
migocząca i grająca, jedna z tych liczb,
których nie da się zapisać
ani nacięciami na kości wilka,
ani literami, ani cyframi, można ją tylko
nagrać jak pocztówkę albo wyryć w bazalcie.

Wiesz, jakie mamy szanse? Zerowe.
Ale nauczyłam się, że należy grać na zwłokę,
bo właśnie ciało to jest to, co zostaje na polu bitwy.

The Great Plan B

On my ninth birthday the scoutmaster
gave me a card with the number of days
I'd already lived. It was an extraordinary number
shimmering and dancing, one of those numbers
you can't save
in notches on a wolf's bone
or in letters or digits, you can only
speak it onto a recordable postcard or carve it in basalt.

Do you know what our odds are? Zero.
But I've learnt to play for time
as it's the body no less which is left on the battlefield.

Hale Faelbetu

Dziewczyna o słabych płucach może chodzić
po górach za pomocą piosenki, ale herbata,
którą inna dziewczyna pije, pisząc tę piosenkę,
stygnie szybciej, niż mija jej czas stygnienia.

Co to są te procedury specjalne,
czy to znaczy, że jesteśmy dzikimi kaczkami
lecącymi nad wielkim kanionem coraz bardziej
ażurowym kluczem? Albo peep show: jak to
możliwe, że w tej budce mieszczą się druga
i kolejne utraty wszystkiego? Czy wyjaśnieniem
mogą być światy równoległe albo sprytna
gra luster? I dokąd one idą po pracy?

Nie wiesz tego, nie wiesz nawet, czy gdy obrysujesz
mój cień na ścianie, zatrzymasz mnie na dłużej,
czy może dom runie, a cień odejdzie w swoją stronę.

Faelbet Mall

A girl with weak lungs can walk
in the mountains with the aid of a song, but tea
which another girl drinks writing this song
cools quicker than the time for cooling takes.

What are these special procedures?
Does it mean we're wild ducks
flying over the grand canyon in an ever lacier
formation? Or a peep show: how is it
that this booth contains the second
and subsequent losses of everything? Could the explanation
be parallel universes or a clever
play of mirrors. Where do they go after work?

You don't know. You don't even know whether if you trace
my shadow on the wall, you'll hold onto me longer,
or maybe the house will collapse, the shadow go its own way.

Spóźniona nowenna do świętej Rity

Naprawdę nie chciałam wtedy umrzeć.
Dopiero co nauczyłam się składać
dłonie do modlitwy tak, jakbym coś
w nich trzymała, dopiero co
nauczyłam się negocjować.
Z wdziękiem, choć stojąc po pas
w morzu płomieni. Nauczyłam się negocjować
wszystko, opisując to przymiotnikami,
które dobrze brzmią w tłumaczeniu na angielski.
Dłonie do modlitwy składałam tak,
jakbym kryła w nich coś więcej niż kamień,
i lubiłam ten trik.

Ten obraz wyglądał jak tryptyk,
ale nie można go było zamknąć.
Myślałam, że to pęk chryzantem,
a to była główka dziecka.
Myślałam, że to był ogrodowy parasol,
a to był duch przyszłych świąt.
Gdybym modliła się jak należy,
z rękami do góry, żyłabym.

Belated novena to Saint Rita

I really didn't want to die then.
I'd only just learnt to fold
my hands in prayer as though
I held something in them, only just
learnt to negotiate.
With charm. Even standing waist deep
in a sea of flames. I learnt to negotiate
everything, describing it with adjectives
which sound good translated into English.
I folded my hands in prayer
as though I was hiding something more than stone
and I liked this trick.

This image looked like a triptich
but itwouldn'tclose.
I thought it was a bunch of chrysanthemums
but it was a child's head.
I thought it was a garden parasol
but it was the ghost of Christmas Yet To Come.
If I'd prayed the way you're supposed to,
with my hands in the air, I'd still be alive.

Ultrasonograf pasażerski

W drugim wagonie tramwaju dziewczyna je lizaka
o smaku coca-coli, stąd go czuję.
Moja skóra została chyba w domu na wieszaku.
Skoro już wymyśliłam piękną śmierć,
co nie tyka węgla, czas sprawdzić, czy świat
gotów jest na tuzin fizjomagicznych o niej
wierszy i na nią samą, moją prawie sławną,
prawie krwawą wojnę, czy też świat nadal
siedzi na murku i mrucząc: „jeśli jemu w niebie
wolno myśleć o mnie, wolno i mi na murku
o nim", myśli o Panu Bogu, że to odkręcany
łeb miedzianej ryby, do której lakowego
wnętrza w dzień sądu będzie mógł wreszcie
złożyć swoją odpinaną głowę.

Passenger Body Scan

In the second carriage of the tram a girl's eating a lollipop,
cola flavour. I can taste it from here.
I think I left my skin at home on a hanger.
Since I've already imagined a beautiful death,
one that leaves the carbon intact, it's time to check if the world
is ready for a dozen physiomagical poems about it
as well as it itself, my almost famous, almost
bloody war or if the world still
sits on the fence muttering 'if he in heaven
may think of me, I on this fence may think
of him' thinking of God as the screw top
head of a copper fish, into whose lacquered
interior on judgement day it will finally
be able to lay its own detachable head.

Jak to widzi sowa

Wszystko będzie dobrze, powiedział święty Łukasz.
Nie wszystko i nie dobrze, chociaż na pewno będzie.
Ale jeżeli jeszcze raz pojadę inaczej niż każe GPS,
stworzę sztuczną inteligencję i to będzie kolejne
dzieworództwo w historii człowieka. A nie chcę drugi raz.
Sześć tygodni płaczu, że takie szczęście jest możliwe,
sześćdziesiąt kolejnych tygodni, że za nie dziękuję,
sześćset, że przepraszam, że w nie nie wierzyłam,
sześć tysięcy, czy można je już zabrać ode mnie.
Więc wierzę, ale proszę, nie przychodźcie do mnie,
tym bardziej nie przysyłajcie jedni drugich nawzajem.

How the owl sees it

Everything will be all right, said St Luke.
Not everything and not all right, but it surely will be.
Though if I go a different route again from what the GPS says
I'll create artificial intelligence and that will be the next
virgin birth in the history of mankind. I don't want it a second time.
Six weeks of weeping that such happiness is possible,
then sixty more weeks to give thanks for it,
six hundred I'm sorry I didn't believe in it,
six thousand could you let this pass from me now.
All right I believe but please don't come to see me anymore
and above all don't send each other over two by two.

E. & E.

Poronić można wszędzie
i wszystko. Stąd najlepsze są
te historie, które się kończą
zagładą wszechświata zaraz po
pierwszym seksie. Bo któż,
znalazłszy osobę, dla której mógłby
zostawić wszystko, nie zacznie na gwałt
gromadzić bezdomnych psów,
zabytkowych chrzcielnic i podzielonych
krajów? Stopy wody pod kilem
twojego szerokiego łoża, tego on jej
życzy na koniec, a ona mu,
żeby miejscowe ekspresjonistki
patrzały nadal za swoim smutkiem,
udając, że patrzą za nim.
Czyli nic nowego.

A przecież gdy ich cień rozlega się na ścianie,
trawa podnosi się z trawy, a morze podnosi się z morza.

E. & E.

You can miscarry anything
anywhere. The best stories are
those which end with the extinction
of the universe right after the first time
you have sex together. For who
having found the person they'd leave
everything for wouldn't frantically start
collecting straydogs,
antique baptismal fonts and divided
countries. Feet of water under the keel
of your wide bed, that's what he wishes her
at the end, while she wishes him
local expressionistas to go on gazing
at their own sadness,
pretending to gaze upon him.
Sonothingnew.

And yet when their shadow falls across the wall
grass rises from grass, sea rises from sea.

Ja i gen koloru

Zaniosło mnie do cerkwi. Agnieszka w ciąży wskazuje
smyczkiem drzwi i mówi: spodoba ci się. Ty żyjesz,
Agnieszka? – pytam, wchodząc, w środku sami znajomi,
nikt mnie nie poznaje, mama trzyma moje butki, płacze.
Wygląda, że to mój pogrzeb, więc hyc za telefon,
dzwonię do ciebie. Żonaty. W końcu się dodzwaniam
i zaraz piję drinki, ale to są soki i nie mogę zaskoczyć,
patrząc, jak ci się usta krzywią w opowieść zimową.
Specjalnie dla ciebie, mówisz, dowód, że czas stanął

w tamtym miejscu i żadnego pogrzebu nie było: choćbyśmy
zmrużyli oczy w środku lipca, otwierając je, zawsze
widzimy śnieg na stopniach. A jak już zajdziesz w ciążę,
kogo wybierzesz na ojca? Na ojca wybiorę Wiktora
Czyściciela, jego pewną rękę i jego kadzie z kwasem.

Me and the colour gene

Something made me go to the Orthodox church. Agnieszka, who's pregnant,
points her bow at the door saying: you'll like it. You're alive,
Agnieszka? I ask entering. All my friends are inside
though nobody recognises me. Mum holds my shoes, crying.

It seems to be my funeral. Quick, grab a phone,
I'm calling you. Married. In the end I get through
and start knocking back the drinks, but they're juice and I can't get trashed
watching your lips curl into a winter's tale.
Specially for you, you say, proof that time's stopped

in that place and there was no funeral: even if we
close our eyes in the middle of July when we open them we always
see snow on the steps. And when you do fall pregnant
who will you chose as the father? As the father I'll chose Victor
the Cleaner, his steady hand, his acid vats.

Zoo w Oo

Orgazm musi boleć, powiedział kontroler,
bo kobieta poza kryzysem to nie kobieta,
to monokultura włókiennicza. A dajcie mi raz
gruz zamiast orgazmu, odpowiednia ilość gruzu
zasypie każdą dziurę.

Pracuję teraz nad życiem innej kobiety,
takiej, która wcale nie uważa, że pięknie się różnimy.
Kiedy ją pytają, czy zna włoski, mówi: nie dzisiaj.
Na leśnej drodze myli swoje serce
z dziwką w crocsach. Na drodze podporządkowanej
myli swoje serce z sercem Jezusa Miłosiernego.
Na autostradzie myli swoje serce z sercem trupa,
którego nic nie rozpuści.

Dajcie mi raz gruzu, ile potrzebuję,
albo, nie wiem, zróbmy to razem?

The zoo in Oo

An orgasm has to hurt, said the controller
because a woman without a crisis is not a woman,
she's a spinning mule. Oh just once give me
rubble instead of an orgasm, the right amount of rubble
will fill any hole.

I'm currently working on the life of another woman,
one who doesn't think different is beautiful at all.
When asked if she knows Italian, she says: not today.
On a forest path she mistakes her heart
for a tart wearing crocs. On a road with no right of way
she mistakes her heart for the heart of Merciful Jesus.
On the motorway she mistakes her heart for the heart of a corpse
which nothing will dissolve.

Give me some rubble for once, as much as I need
or, I don't know, shall we do it together?

Inna róża

Urodziłam niesamowicie piękną córkę, jej zęby,
jej włosy są jak z Pieśni nad Pieśniami. I sama
poczułam się piękna, dziękuję. Ale ona
to zupełnie inne piękno,
to jest piękno, które chcę chronić.
Gdybym miała jakieś swoje piękno, wstydziłabym się go,
zresztą pewnie mam jakieś piękno, faceci
nie lataliby tak za mną, gdybym go nie miała,
ale nie lubię swojego piękna, bo faceci
latają za nim. Piękno mojej córki,
to co innego. Piękno mojej córki,tak uważam,
jest jedyną nadzieją
tego świata.

Different rose

I gave birth to an incredibly beautiful daughter, her teeth,
her hair as though from the Song of Songs. And I
felt beautiful myself, thank you. Whereas she –
that's a completely different beauty,
that's beauty I want to protect.
If I had some beauty of my own I'd blush,
anyhow I probably do have some, guys
wouldn't chase after me as much if I didn't,
but I don't like my beauty because guys
chase after it. My daughter's beauty
is something else. My daughter's beauty, I believe,
is the only hope
for this world.

Projekt wymiany ramek we wszystkich obrazkach

W długi letni dzień kosiarki mogą pracować od rana do nocy.
Możesz się budzić i zasypiać przy ich warkocie,
przy opowieści, której nie rozumiesz, ale kiedyś w końcu musisz
wyjść do tego zjawiska. I wtedy żegnaj, cudny świecie,
w którym cukierek anyżowy jest lubieżny przez zawartość
litery żet.

Odtąd przydzielone ci niesiesz sam, nie zmieniając się, bo z kim.
Znienacka pojawiające się motyle lub tęcze
bierzesz za to, czym naprawdę są – zapowiedź nagłej śmierci,
twojej i twoich na wiele pokoleń we wszystkie możliwe strony.

Project to replace the frames in all pictures

On a long summer's day mowers can work from morning till night.
You can wake and fall asleep to their whirr,
to a story you don't understand but in the end you have to go out
to face what's going on. And then it's goodbye, wonderful world
where an aniseed ball is lascivious
on account of a sibilant s.

From now on you alone carry what's dealt you, not replacing yourself,
well who with.
Suddenly when butterflies appear or rainbows
you take them to be what they really are – augurs of sudden death
yours and your people's for generations to come in all directions possible.

Zebra

Po co to myć, jak zaraz znowu będzie brudne,
mówi deszcz. Bóg dał, ale po co, Bóg wziął, lecz dlaczego?
Jeszcze nie skończyły płakać kobiety, a już trzeba zacząć pytać.

Nie poznać nikogo z tych wspaniałych ludzi,
nie przeżyć z nimi tych popołudni, nie usłyszeć tych słów,
stać tam, gdzie się wtedy stało, jeśli akurat padało,
stać w deszczu – bylebyś nie umarł.
To jest najdokładniej to, o co nie należy prosić.

Zebra

Why wash it when it'll only get dirty again
says the rain. God gives, what for, God takes away but why?
The women have scarcely finished weeping and already it's time to ask.

Not to have met any of those wonderful people,
not shared those afternoons with them, heard those words,
to stand there where we once stood, and if it happened to be raining
to stand in the rain – anything so you wouldn't die.
That's most exactly what not to ask for.

Katullka

'Że dostanę list, że za wysoko się cenię,
że jestem zbyt pewna siebie, że ktoś mnie szpieguje,
że ktoś inny mnie kocha, że jestem przemądrzała,
że za bardzo interesuję się chłopcami i jeszcze o czterech rzeczach,
które się zamazały, nie wiedziałam w lipcu
trzydzieści lat temu. Wiedziałam za to,
kto zna wszystkie języki świata, ile zwierząt zabrał
Mojżesz do swojej arki, jak brzmi nazwisko pilota
samolotu, który pilotuję, jeśli w Warszawie
wsiadło pięćdziesiąt osób a w Krakowie dwie.
A teraz co? Jednorożców nie ma, kutasów nienawidzę,
pojedyncza pszczoła nie ma świadomości –
ograniczenie jest w słowie jest, w nie ma nie ma ograniczeń,'
powiedziała podając zeszyt sarnie, by go zjadła
i weszła do groty (te języki zna echo).

The Young Catulla

'That I'd get a letter, that my opinion of myself was too high,
that I'm too cocky, that someone's spying on me,
and someone else loves me, that I'm too clever by half,
too keen on boys, and then about four other things
too smudged to read – I didn't know this in July
thirty years ago. What I did know was who
knows all the languages of this world, how many animals
Moses took into his ark, the name of the pilot
of the plane I'm piloting, if in Warsaw
fifty people got on, while in Kraków it was two.
So now what? There are no unicorns, I hate dicks,
a single bee has no consciousness –
the limit's in the word *is, isn't* has no limits'
she said, handing the notebook to a deer to eat
and entered the grotto (these tongues are known by the echo).

Sól i ogień

Jurkowi

Czy wiesz, jak się czujesz? Niektóre płyty
są nagrywane głośniej, niż niektóre inne płyty,
tak po prostu jest, ale czy słyszysz swój głos?
Ja nie słyszę swojego, chociaż słyszę twój.

Chyba, że na dnie oceanu. Ale nie żadnego z dzisiejszych,
tylko tego, o którym mój syn mówi z żalem, pokazując
szkolne boisko: kiedyś tu wszędzie
była woda, te głupie kontynenty
ją podzieliły. I mówi: mamo,
pamiętasz, jak nie potrzebowaliśmy oczu?

Jak mogłabym zapomnieć, synku,
z tysiąca przygód mojej nieśmiertelnej duszy,
ta była najlepsza.

Salt with fire

for Jurek

Do you know how you feel? Some discs
get recorded louder than other discs,
that's just how it is, but can you hear your voice?
I can't hear mine though I can hear yours.

Unless I'm at the bottom of an ocean. But not one of today's
just the one my son talks of sadly, pointing
to the school playground – once
all this was water, those stupid continents
divided it. Then he says, Mama
do you remember when we didn't need eyes?

Little man, how could I forget,
of the thousand adventures of my immortal soul
that was the best.

Przekład

Z ulicy przez okno widzę, jak mama stoi przy zlewie
w płonącym domu, sama płonąc od dobrej chwili,
niedużo z niej zostało, właściwie sam profil. Minie trzydzieści lat
i moja córka będzie przez okno z ulicy
podglądać, jak płonę w płonącym domu. Nawet nie wiem,
czy będzie już wtedy wiedzieć, co podgląda.

Zrobiłam miejsce na śmierć w swoim życiu,
odchyliłam kołdrę, koszulę, odemknęłam klatkę żeber.
Nie miałabym miejsca dla nikogo z was, gdybym nie zrobiła
miejsca śmierci. Póki nie zrobiłam miejsca śmierci,
dla nikogo z was nie miałam miejsca, nie łudźcie się.
Otwieram orzech i znajduję prochy myszki,
męża i dzieci, swoją nagrodę, swoje potwierdzenie.

Translation

From the street through the window I see my mum standing at the sink
in a burning house. I've been burning for a good while myself.
Not much is left of her, just her profile really. Thirty years will pass
and my daughter will watch me through a street window
burning in a burning house. I don't even know
if by then she'll know what she's watching.

I've made room for death in my life.
I've lifted off the quilt, my shirt, opened the rib cage.
I wouldn't have room for any of you if I hadn't made
room for death. Until I made room for death
I didn't have room for any of you, don't delude yourselves.
I crack open a walnut and find the ashes of a mouse,
husband and children, my prize, my confirmation.

Dwa fiaty

Pogłaśniam, żeby Pan Bóg zabrał mnie do siebie.
Mężczyzna, właściwie chłopiec z białą wanienką pod pachą
i światła małego samolotu daleko na pasie lotniska
zwiastują tak samo. Czarny tiulowy kwiatek na gorsie ajentki,
liść, który odwrócił się do mnie srebrnym spodem
zwiastują śmierć zwiastowanego bez względu na to,
czy je owinę bawełną, czy folią.
Mieliśmy dzieci, ale to nie były dzieci, to były buty na dzień.
Nie zostawiam was, buty, tylko idę przodem.

Two fiats

I'm turning up the volume so The Lord will take me unto himself.
A man, a boy really with a white baby bath under his arm
and the lights of a small aeroplane on a distant runway
herald the same thing. A flower in black tulle on the seller's lapel,
the leaf which turned its silver underside to me
heralding the death of the heralded no matter
whether I wrap them in cotton or foil.
We had children, but they weren't children, they were day shoes.
I'm not leaving you, shoes, I'm merely walking ahead.

Na czas zamknięcia kładki

I przeszedł weekend, i szukam twojego ciała,
bo musi zostać odnalezione i zakopane,
i będę miała dużo szczęścia, jeśli to właśnie mnie
pozwolą je zakopać, choć czy można mówić o szczęściu,
gdy wiem, że twoje ciało

powinno być na pustyni jedzone przez zwierzęta,
aż zniknie. Z moim ciałem, gdy odnajdzie twoje
i usiądzie obok, powinno stać się to samo.

Opłakiwać twoje ciało, być zjadaną w swoim,
i pilnować, by nikt nie podchodził, to wyzwanie
należy podjąć, żeby ktoś coś kiedyś zrozumiał
z tego, co tutaj zaszło.

In time for the gangway to close

So the weekend's over and I'm looking for your body
because it must be found and buried
and it will be my great joy if it's me
who is allowed to bury it, although can you speak of joy
when I know your body

ought to be in the desert being eaten by animals
till it vanishes? The same ought to happen
to my body when it finds yours and sits down beside it.

To weep over your body, be eaten in my own,
to watch so that no one comes near is the challenge
I need to undertake so that someone, some time, understands
something of what happened here.

Wszystko dla

Ktoś, kto szuka znaków, zawsze je znajduje,
choć w takich dziwnych miejscach. Na przykład
nekrolog znajomego z Łodzi miesiąc po jego śmierci,
wysoko w górach, w przeznaczonych na podpałkę
krakowskich gazetach. Czasem wydaje mi się,
że nie ma znaku, którego nie mogłabym przepisać wyraźniej,
tak bardzo bym chciała, żeby wszyscy
byli szczęśliwi albo przynajmniej przeżyli.
Nie wszyscy przeżyją, czyli nikt nie przeżyje,
a światła będą świecić, dopóki nie zgasną.
Jedyne, czego może spróbować przepisywacz znaków,
to siąść w ciemnościach i tłumaczyć ludziom,
zwierzętom, ptakom, glizdom i kamieniom:
to że zgasły, nie znaczy, że nigdy nie świeciły.
Pod warunkiem, że sam się nie boi ciemności.

All for

Someone who seeks out signs always finds them,
albeit in the oddest of places. For instance
the obituary of a friend from Łódź, a month after his death
high up in the mountains, in a Kraków newspaper
intended for kindling. Sometimes it seems to me
there isn't a sign I couldn't copy more clearly
I want so much for everyone to be
happy or at least to survive.
Not everyone will survive, which means no one will survive
and the lights will shine until they go out.
All the copier of signs can try to do
is sit in the dark and explain to people,
to animals, birds, to worms and stones:
though they've gone out doesn't mean they never shone.
Providing he himself is not afraid of the dark.

Patrz, Tatuś

Potrafię tak jechać twoim samochodem,
żeby jeden z tych metalowych prętów
wiezionych na pace żuka przede mną
przy zderzeniu wbił mi się w oko, a potem w drugie,
w oboje uszu, nos, usta a potem wyszedł cipą.
Albo nawet dwa pręty, lub wszystkie po kolei.
A czy te wszystkie pręty potem zakwitną?
Niestety istnieje taka możliwość.

Look, Daddy

I can drive your car
so that one of those metal rods
in the back of the pick up truck ahead
skewers my eye on impact and then the other,
both ears, nose, mouth and exits through my fanny.
Or even two metal rods, or all of them one after another.
But will all these rods burst into flower afterwards?
Unfortunately, that is a possibility.

Jednym słowem

Pytam się, czy wysłali te cholerne zwłoki,
czy nie. Piszą mi, że wysłali,
opóźnienie mogło być spowodowane pogodą
i żebym napisała w przyszłą środę,
czy chcę reklamować, czy inne zwłoki w zamian.
Sama nie wiem, mam czas do środy,
żeby to przemyśleć. Robak zdradził robaczka
i teraz się wije, i we śnie, i wszędzie.

Natomiast w świetle z okien szkolnej biblioteki
wygląda to tak, że moje dziecko stało się kamieniem
i mówi mi: nie płacz, kobieto, skoro ja nie płaczę.
No, zamknijcie już, tu nie ma nic do patrzenia.

In a word

I ask if they've sent the sodding body
or not. They write that they have,
the delay may have been caused by the weather
and that I should write again next Wednesday
if I want to make a complaint or get another to replace it.
I don't really know. I've got till Wednesday
to think it over. One maggot has betrayed another little maggot
and now it writhes about in dreams and in everything.

Meanwhile in the light of the school library windows
it looks like my child has turned to stone
and says to me: don't weep, woman, since I am not weeping.
Right, close the lid now, nothing here to see.

Kapitanie, tu Sally

Nieważne, czy się przyda, ważne, czy to prawda.
Dlatego dobry świadek jest czasem lepszy
niż ojciec, mąż, syn i tak dalej. Część widoku,
na który patrzymy, zapada się akurat pod własnym ciężarem,
grzebiąc przy okazji tych bez ciężaru.
To się może wydawać niesprawiedliwe
i pewnie takie jest, ale mnie się podoba ten widok,
a najbardziej, że go oglądasz ze mną,
bo to czyni go jeszcze bardziej prawdziwym.
Już zresztą widzę, jak ich odkopują
po latach, milionach lat, najstarszy gatunek
dla wielbicieli gatunków, czyli jakby dla nas.
Pan Jezus, śniło mi się, że się we mnie zakochał
i zostawił dla mnie kościół. Czego i tobie życzę.

Captain, it's Sally

Nevermind if it comes in handy, what counts is whether it's true.
That's why a good witness is sometimes better
than a father, husband, son and so on. Part of the view
we're gazing at, is sinking, as it happens, under its own weight,
burying with it those who are weightless.
This might seem unjust
and it probably is, but I like this view
and most of all you gazing at it with me
because that renders it even more real.
In any case I can already see them being dug up
years later, millions of years later, the oldest species
to species-lovers, so in a way us.
Lord Jesus, I dreamt, was in love with me
and left me a church. Which I wish for you also.

Acknowledgements

Grateful acknowledgement is made to the editors of the following publications where versions of some of these translations were first published: *Ars Moriendi Sztuka Umierania* (BWA, Tarnów 2015*), e-merging creativity, Envoi, Frogmore Papers, Los Angeles Review, Modern Poetry in Translation, POEM, Poetry International Web, Poetry Wales, Polish Poetry* (The Polish Book Institute) and *Versepolis.*

Justyna Bargielska's poems were published in Polish by Biuro Literackie in the following collections: *Dating Sessions* (2003), *China Shipping* (2005), *Dwa Fiaty* (2009), *Bach for My Baby* (2013), *Nudelman* (2014) and *Selfie na telrzepaka* (2016).

The translator wishes to thank ElzbietaWójcik-Leese for introducing her to Justyna Bargielska's work, and to Janet Sutherland, Rosie Chasseaud, Anna Błasiak, Katarzyna Marczewska, also Monika Stachyra, John McCullough, and Deborah Price for their time and support. The translator is also grateful to the Polish Book Institute for a Sample Translations grant at the start of work on these poems and for further assistance with a ©POLAND TRANSLATION PROGRAM grant to complete this book.

Justyna Bargielska

was born in Warsaw in 1977. She has published eight poetry collections and two works of fiction. She is twice winner of the Gdynia Literary Prize – in 2010 for her poetry collection *Dwa Fiaty* (Two Fiats) and in 2011 for her short fiction, *Obsoletki* (Born Sleeping) – and, among many other awards, winner of the Rainer Maria Rilke poetry competition in 2001. Her most recent collection is *Selfie na tle rzepaka* (Selfie against a field of rape) from Biuro Literackie, 2016. Her literary drama *Clarissima* was premiered in Zakopane in 2014. She lives in Warsaw and teaches at the Jagiellonian University in Kraków.

Maria Jastrzębska

was born in Warsaw and came to the UK as a child. She co-translated *Elsewhere,* the selected poems of Iztok Osojnik with Ana Jelnikar (Pighog Press, 2011). Her translation of an extract from Justyna Bargielska's *Obsoletki* (Born Sleeping) features in *Best European Fiction* (Dalkey Archive 2016). Her most recent collection was *At The Library of Memories* (Waterloo Press, 2013) and her selected poems *The Cedars of Walpole Park* were translated into Polish by Wioletta Grzegorzewska, Anna Błasiak and Paweł Gawroński (Stowarzyszenie Żywych Poetów 2015).